过年写春联

灵飞

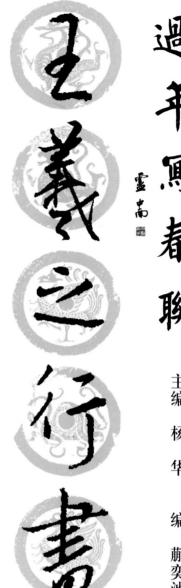

王羲之行书

主编 杨 华

编 蒯奕池

河南美术出版社
·郑州·

图书在版编目（CIP）数据

王羲之行书／蒯奕池编． — 郑州：河南美术出版社，
2021.10（2023.10重印）
（过年写春联／杨华主编）
ISBN 978-7-5401-5594-0

Ⅰ.①王… Ⅱ.①蒯… Ⅲ.①行书－法帖－中国－东晋时代 Ⅳ.① J292.23

中国版本图书馆 CIP 数据核字（2021）第 189665 号

过年写春联·王羲之行书

主编 杨 华　编 蒯奕池

出 版 人　王广照
责任编辑　庞　迪
责任校对　王淑娟
装帧设计　庞　迪
出版发行　河南美术出版社
　　　　　地址：郑州市郑东新区祥盛街 27 号
　　　　　邮编：450000
　　　　　电话：(0371) 65788152
制　　作　河南金鼎美术设计制作有限公司
印　　刷　郑州新海岸电脑彩色制印有限公司
开　　本　787 毫米 ×1092 毫米　1/16
印　　张　6
字　　数　60 千字
版　　次　2021 年 10 月第 1 版
印　　次　2023 年 10 月第 3 次印刷
书　　号　ISBN 978-7-5401-5594-0
定　　价　25.00 元

关于春联

　　春联以工整、对偶、简洁、精巧的文字描绘时代背景，抒发美好愿望，是我国特有的一种文学形式。每逢春节，无论城市还是农村，家家户户都要精选一副副春联贴于门上，为节日增加喜庆气氛。

　　相传，中国最早的春联出自五代后蜀国君孟昶。《宋史·西蜀孟氏》记载："（孟昶）每岁除，命学士为词，题桃符，置寝门左右。末年，学士幸寅逊撰词，昶以其非工，自命笔题云：'新年纳余庆，嘉节号长春。'"大意是：人们在新年享受着先代的遗泽，佳节预示着春意常在。

　　过年贴春联的民俗起源于宋代，并在明代开始盛行。据《簪云楼杂说》载，明太祖朱元璋酷爱对联，不仅自己挥毫书写，还常常鼓励群臣书写。有一年除夕，他传旨：公卿士庶家，门口须加春联一副。后太祖微服出巡，看见各家张贴的春联十分高兴。当他行至一户人家，见门上没有春联，便问何故。原来主人是个杀猪的，正愁找不到人写春联。朱元璋当即挥笔写下了一副内容为"双手劈开生死路，一刀割断是非根"的春联送给了这户人家。从这个故事中，我们可以看出朱元璋对春联的大力提倡，也正是因为他的身体力行，才推动了春联的普及。

　　到了清代，春联的思想性和艺术性都有了很大提高。梁章钜所撰《楹联丛话》对楹联的起源及各门类作品的特色都一一做了论述，其中就专门提到春联。

　　春联在实际应用中，其含义在一定程度上被泛化了。常见的"春联"，根据其使用场所与张贴位置的不同，可分为门心、框对、横批、春条、斗斤等。"门心"贴于门板上端中心部位；"框对"贴于左右两个门框上；"横批"贴于门楣的横木上；"春条"是根据不同的内容，贴于相应位置的单幅文字，如过年时在庭院里贴的"抬头见喜""出入平安""恭喜发财"等；"斗斤"也叫"门叶"，为菱形，多贴在家具、单扇门或影壁上，春节时大家喜欢贴的"福"字，就属于"斗斤"。

春节贴"福"字，是我国民间由来已久的风俗。据《梦粱录》记载："岁旦在迩，席铺百货，画门神桃符，迎春牌儿。""士庶家不论大小，俱洒扫门闾，去尘秽，净庭户，换门神，挂钟馗，钉桃符，贴春牌，祭祀祖宗。"文中的"春牌"即写在红纸上的"福"字，"福"字代表的是"幸福""福气""福运"。民间还有将"福"字精描细作成各种图案的，图案有寿星、寿桃、鲤鱼跳龙门、五谷丰登、龙凤呈祥等。春节贴"福"字，无论是过去还是现在，都寄托了人们对幸福生活的向往和对美好未来的祝愿。

俗话说："一年之计在于春。"在人们的传统观念里，一年中有个好的开端是最惬意、最吉利的事。无论在过去的一年里有什么高兴、得意的事，还是有什么不如意的事，人们总是希望未来的一年过得更好。因此，在新春即将到来之时，贴春联恰好可以表达这种美好的愿望。加之我国人民自古就有乐观向上的精神，寄希望于未来，祈盼未来自己会有好运。于是人们借助春联表达对即将过去的一年的怀念和感悟，以及对新的一年的期盼与希望。

民间有"腊月二十四，家家写大字"的说法，随着中国传统文化的复兴，过年写春联已经成为一种时尚。中国人过春节讲究喜庆、吉利、热闹，人们在春节期间吃好的、喝好的、穿新衣、放鞭炮、走亲访友等，这都体现了人们对美好生活的向往，而写春联恰恰暗合了这一点。

"过年写春联"是河南美术出版社近年来精心打造的一个品牌书系。该社邀请了全国知名书家用楷、行、篆、隶四种书体对精选的春联内容进行书法创作，也邀请了高校教师及相关专业人士用古代经典碑帖或名家书法对春联内容进行集字、组合，使这套书的品种丰富多样，可满足读者手写春联的各种需求。希望这套书能为中国传统春节文化增添一笔浓重的"中国红"。

杨　华

目录

1　爆竹送年到　飞雪迎春归

2　平安吉祥年　健康如意春

3　年丰人增寿　春早福满门

4　忠厚传家远　诗书济世长

5　盛世千家乐　新春百业兴

6　四时多吉庆　八节永平安

7　红梅报新春　瑞雪兆丰年

8　龙腾至万里　凤舞驾九州

9　春花含笑意　爆竹增欢声

10　满园春关不住　大地歌唤彩云

11　旧岁已赢十分景　新春更上一层楼

12　一元复始民心乐　万象维新国力雄

13　一年四季行好运　八方财宝进家门

14　天开美景春光好　人庆丰年节气和

15　年年顺景财源广　岁岁平安福寿多

16　财源滚滚随春到　喜气洋洋伴福来

17　门迎四季平安福　户纳八方富贵财

18　春满神州千里秀　时逢盛世万家兴

19　一帆风顺吉星到　万事如意福临门

20　新年顺景开鸿运　佳岁平安发大财

21　一帆风顺年年好　万事如意步步高

22　一门福气随心至　千里春风顺意来

23　一门天赐平安福　四海人间富贵春

24　一年四季春常在　万紫千红花永开

25　喜迎四季平安福　笑纳八方富贵财

26　迎喜迎春迎富贵　接财接福接平安

27　春归大地人间暖　福降神州喜临门

28　天赐鸿运财源广　地呈吉祥业兴旺

29　春回大地风光好　福满人间喜事多

30　迎新春前程似锦　贺佳节事业辉煌

31　遍地祥光临福宅　满天喜气入华堂

32　春临华堂添福气　福到门庭起祥云

33　开门见喜财源进　举手迎春瑞泽来

34　春临大地百花艳　节至人间万象新

35　好运当头皆事顺　新春及第遍花香

36　和气一门有百福　平安二字值千金

37　和气生财长富贵　佳年顺景财源来

38　新春大吉鸿运开　顺意平安永吉祥

39　生意兴隆同地久　财源广进共天长

40　新春富旺鸿运开　佳节吉祥如意来

41　日子红火腾腾起　财运亨通步步高

42　春到堂前增瑞气　日临庭上起祥光

43　迎新春快乐祥和　庆佳节顺意平安

编号	上联	下联
44	四海财源来宝地	九州鸿运进祥庭
45	白雪银枝辞旧岁	和风细雨兆丰年
46	岁通盛世家家富	人遇年华个个欢
47	天将丽日舒清景	室有春风聚太和
48	心想事成福临门	万事如意财运通
49	祥光满户人财旺	瑞气盈门福禄临
50	天地和顺家添财	平安如意人多福
51	春风送喜财入户	岁月更新福满门
52	千秋吉祥贺佳节	万事胜意迎新春
53	千层锦绣迎登岁	万朵祥云照我家
54	合家欢乐迎新春	内外平安好运来
55	向阳门第春常在	积善人家庆有余
56	前程似锦创大业	春风得意展宏图
57	宏图大展兴隆宅	泰运长临富贵家
58	创大业千秋昌盛	展宏图再就辉煌
59	丹凤呈祥龙献瑞	红桃贺岁杏迎春
60	年丰美意人丰寿	室有香花福有财
61	天增岁月人增寿	春满乾坤福满门
62	喜居宝地千年旺	福照家门万事兴
63	朱红春帖千门瑞	翠绿柳风万户新
64	家过小康欢乐日	春回大地艳阳天
65	花香满院花觉趣	鸟语飘林鸟知春
66	五湖四海皆春色	万水千山尽吉辉
67	玉地祥光开泰运	金门旭日耀阳春
68	冬去山川齐秀丽	喜来桃李共芬芳
69	绿竹别具三分景	红梅正报万家春
70	精耕细作丰收岁	勤俭持家有余年
71	一室平安增百福	阖家欢乐纳千祥
72	朱门北启新春色	紫气东来大吉祥
73	国事兴隆家事顺	财源广阔福源长
74	风和日丽春常驻	人寿年丰福永存
75	门迎春夏秋冬福	户纳东西南北财
76	春临大地花开早	福满人间喜事多
77	心想事成兴伟业	万事如意展宏图
78	好日子舒心如意	美家园幸福平安
79	三阳启泰人间喜	五福临门大地春
80	喜字成双花好月圆	春联对歌国泰民安
81	天送祥和芳春永驻	地呈锦绣盛世长存
82	丽日煦和春光永驻	惠风恬畅富水长流
83	绿水常言三春如意	青山不语四季呈祥
84	梅花数点迎接新春	爆竹一声废除旧腊

85~90

春和景明　和气致祥　恭贺新春　四海升平　喜气盈盈　幸福家庭　平安富贵　四季来财　长治久安　春风永畅　国富民强

诗礼传家　春风报喜　心想事成　紫气东来　富贵荣华　喜临门第　福海寿山　全福人家　五福临门　光照大地　兴旺发达

国泰民安　一帆风顺　万事如意　春回大地　春色满园　福如东海　四世同堂　大吉大利　福如东海

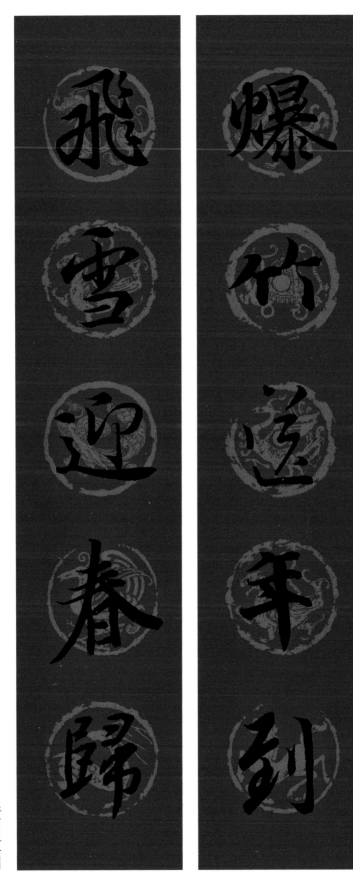

爆竹送年到

飞雪迎春归

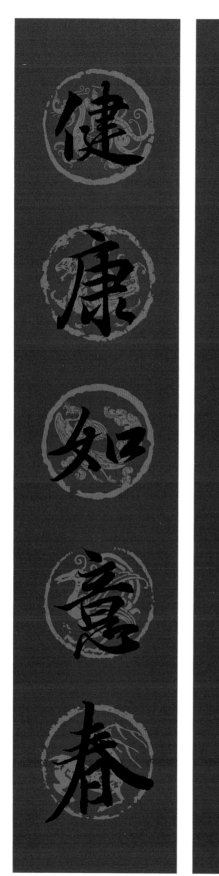

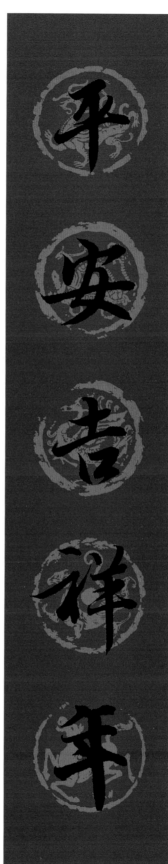

平安吉祥年
健康如意春

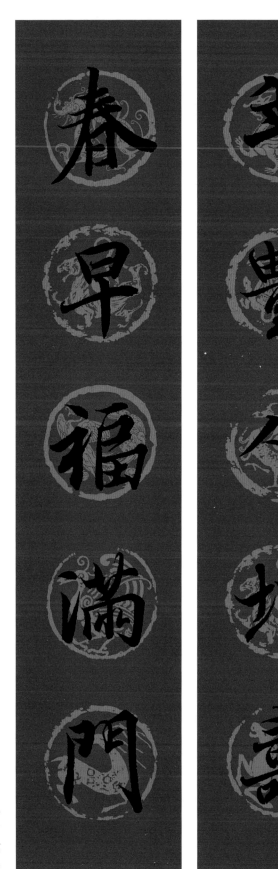

平豐人增壽

春早福滿門

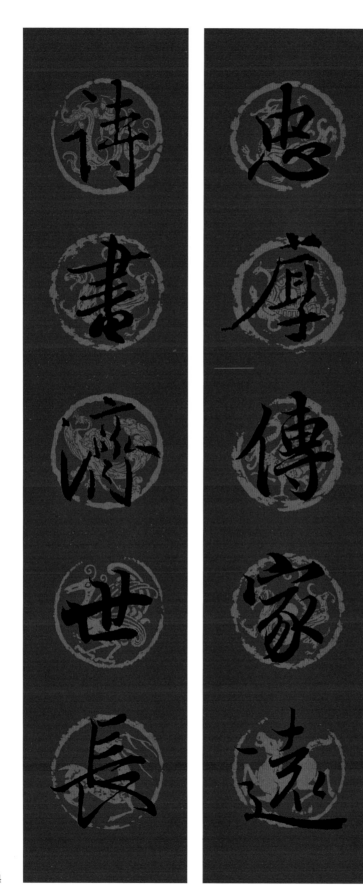

忠厚传家远
诗书济世长

4

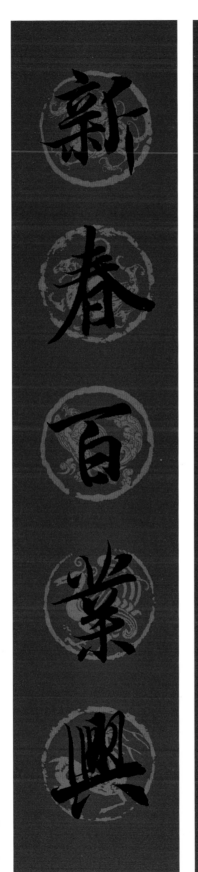
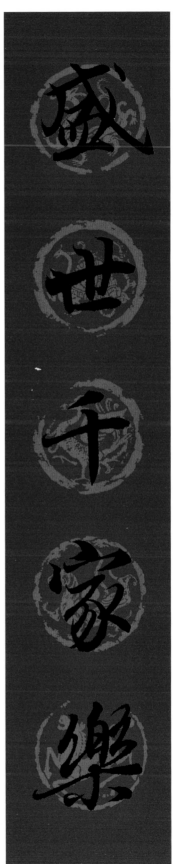

盛世千家乐

新春百业兴

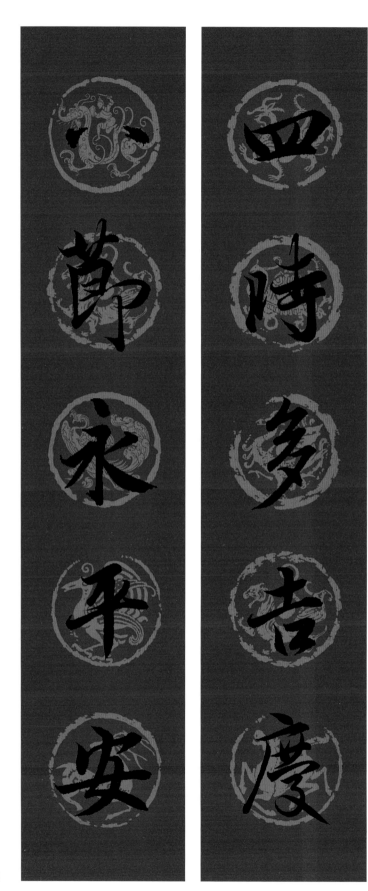

四时多吉庆
八节永平安

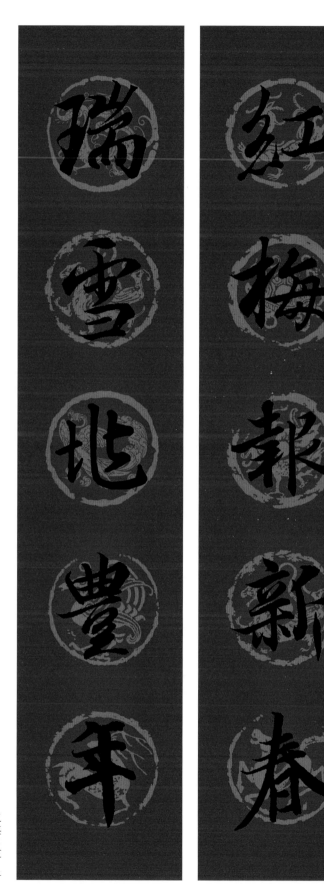

红梅报新春

瑞雪兆丰年

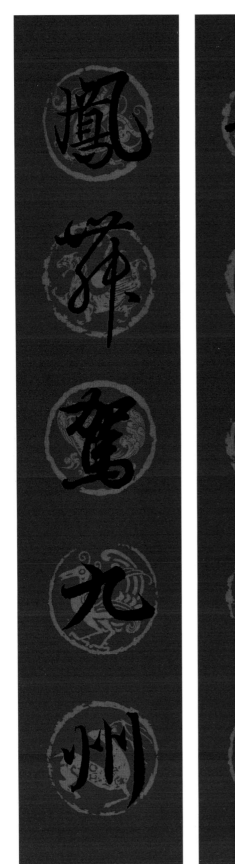
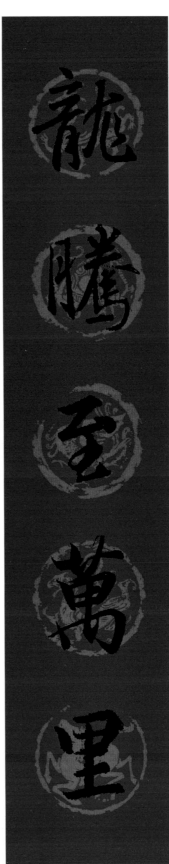

龙腾至万里
凤舞驾九州

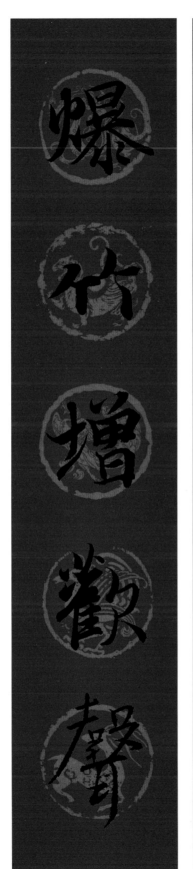
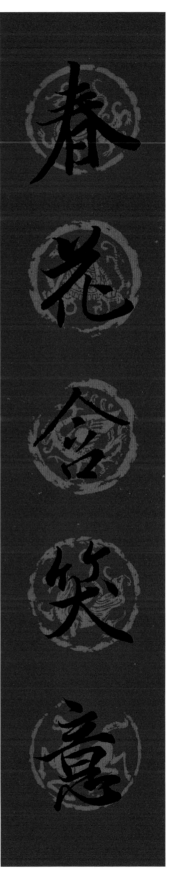

春花含笑意
爆竹增欢声

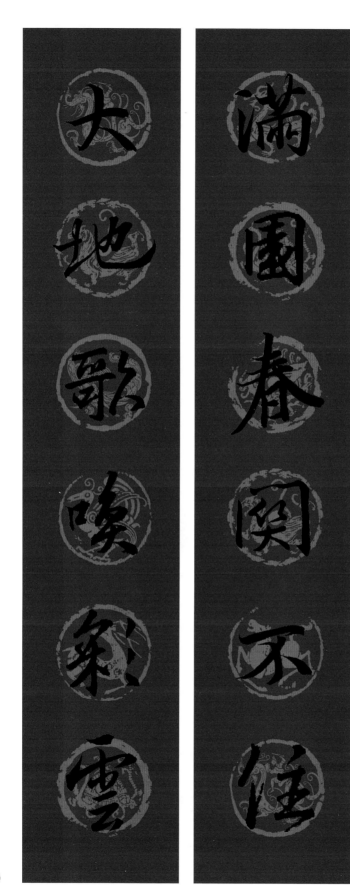

大地歌唤彩云

满园春关不住

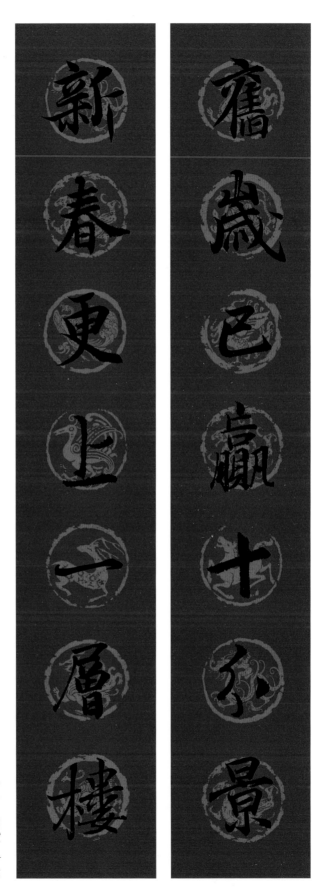

旧岁已赢十分景

新春更上一层楼

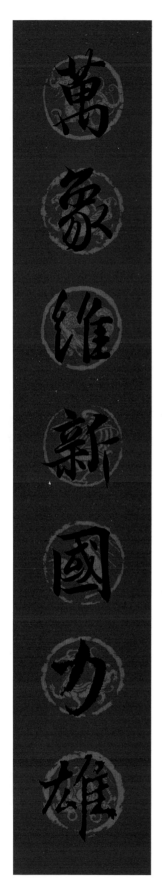

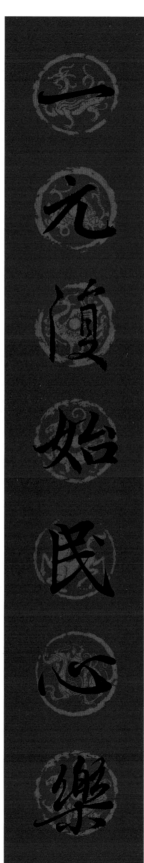

一元复始民心乐
万象维新国力雄

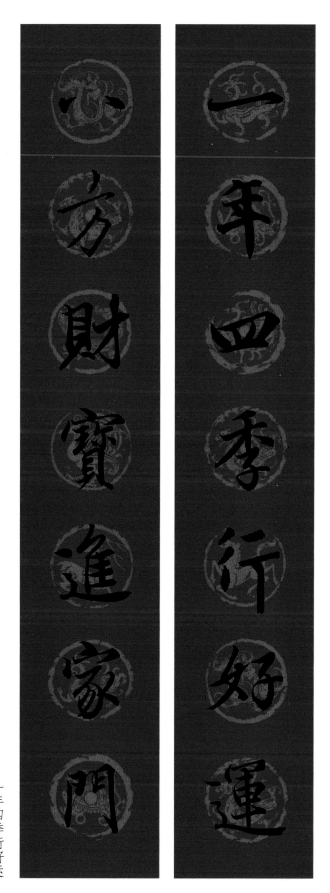

一年四季行好运
八方财宝进家门

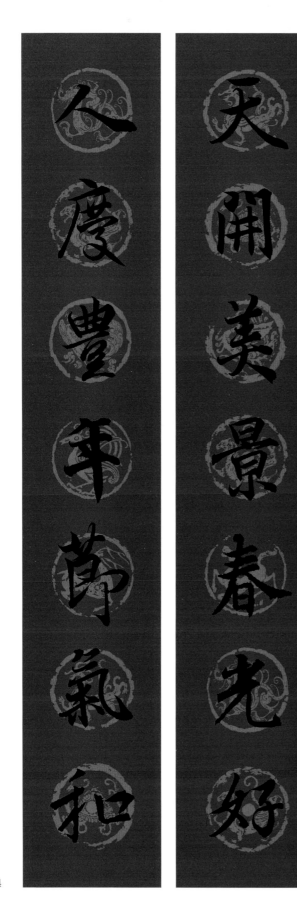

天开美景春光好
人庆丰年节气和

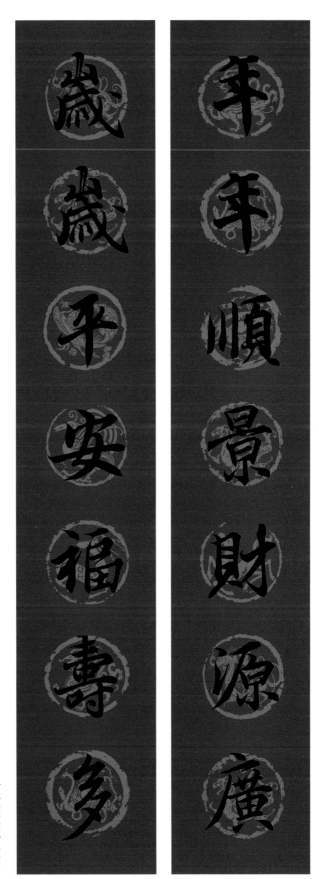

年年顺景财源广

岁岁平安福寿多

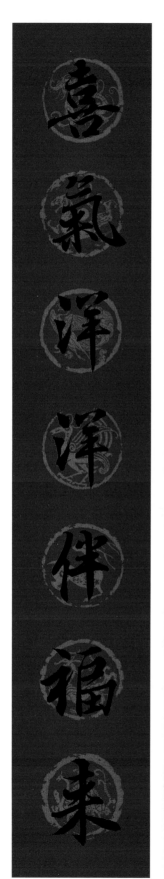

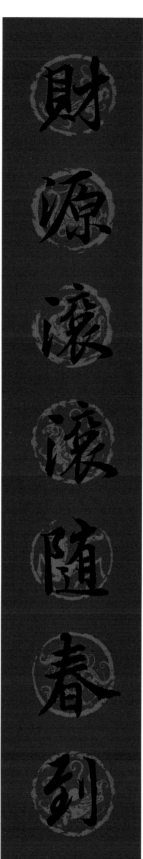

财源滚滚随春到

喜气洋洋伴福来

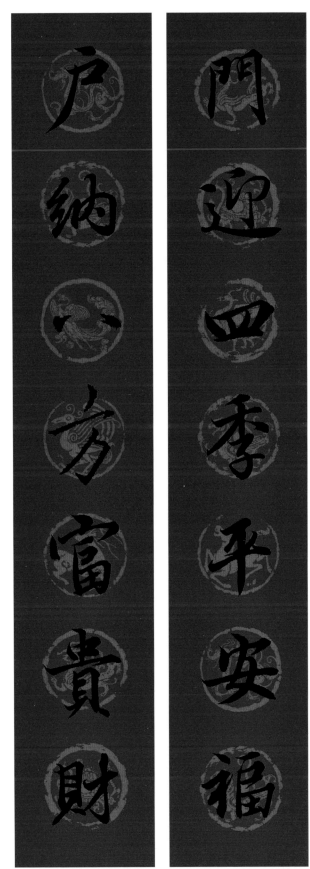

门迎四季平安福
户纳八方富贵财

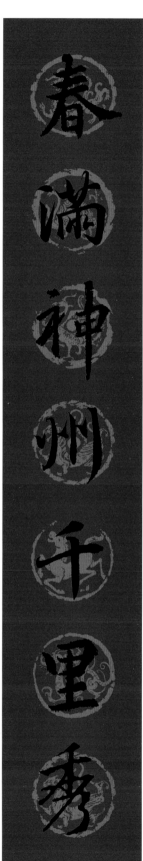

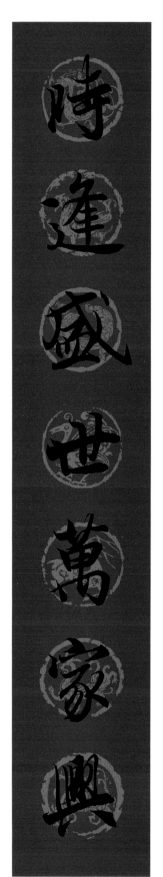

春满神州千里秀
时逢盛世万家兴

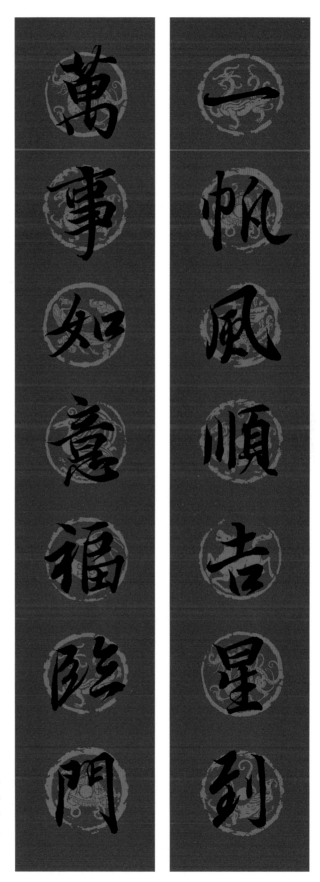

一帆风顺吉星到
万事如意福临门

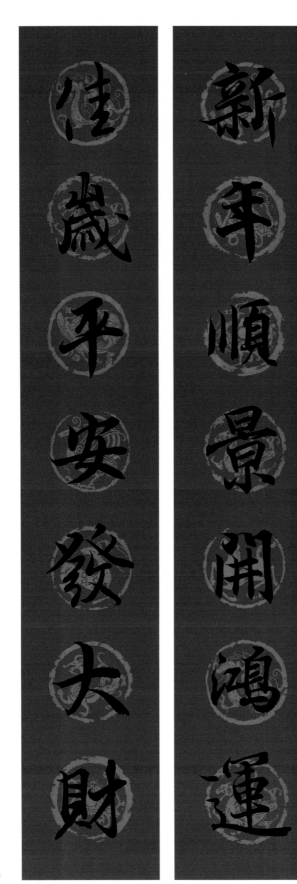

新年顺景开鸿运
佳岁平安发大财

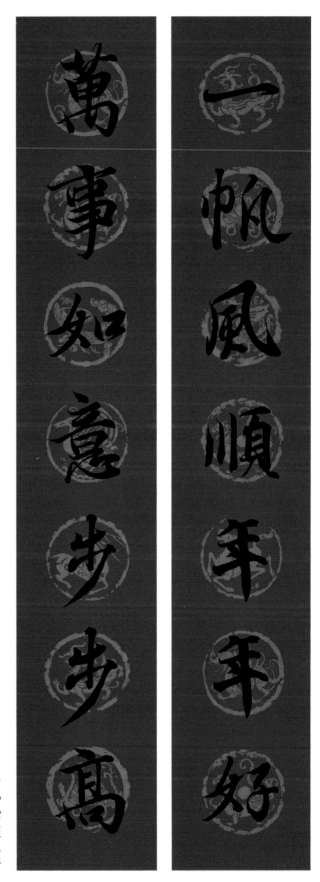

万事如意步步高
一帆风顺年年好

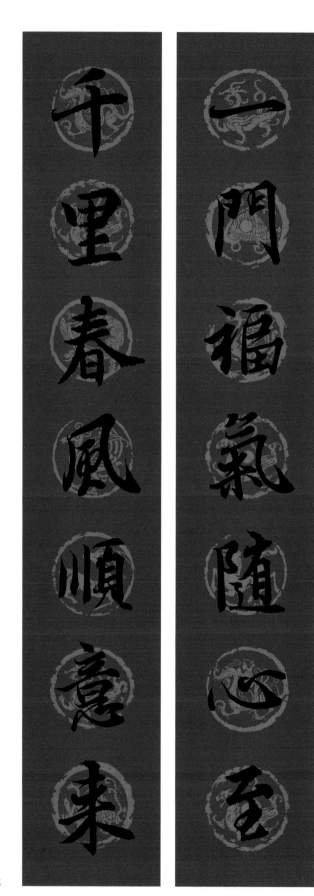

一门福气随心至
千里春风顺意来

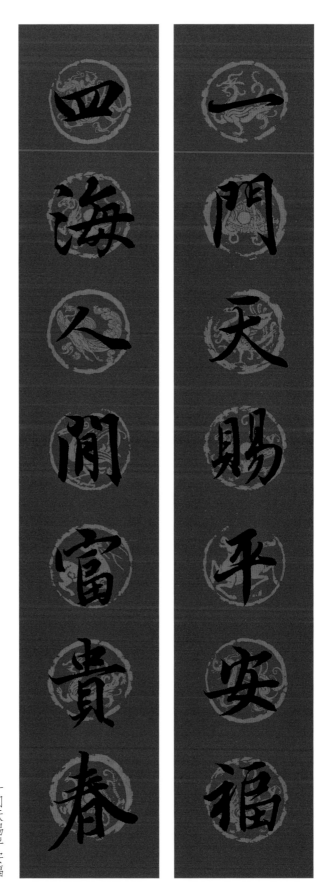

一门天赐平安福
四海人间富贵春

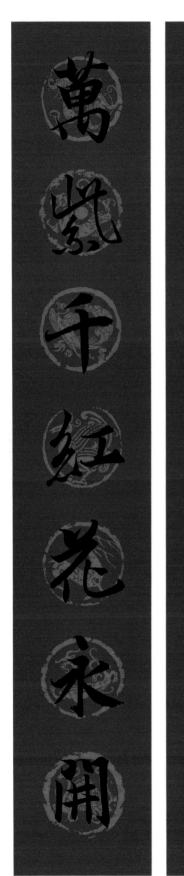

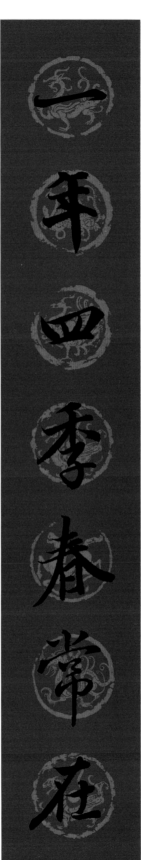

一年四季春常在
万紫千红花永开

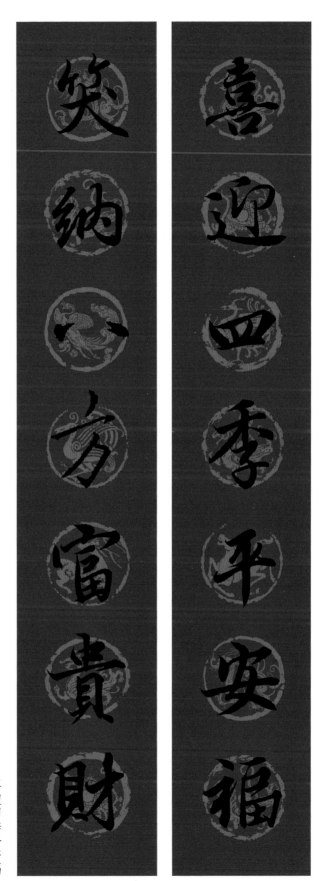

喜迎四季平安福
笑纳八方富贵财

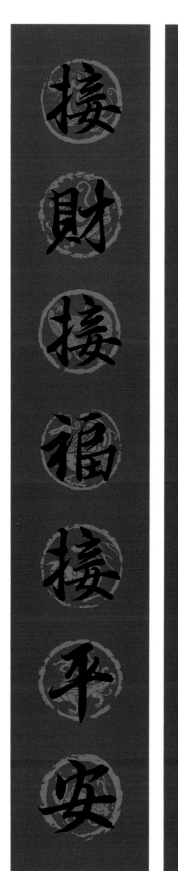

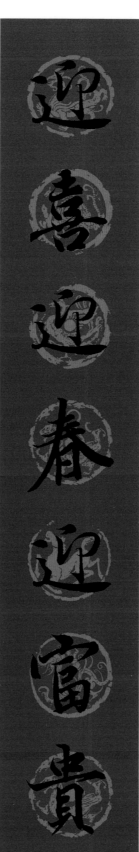

迎喜迎春迎富贵

接财接福接平安

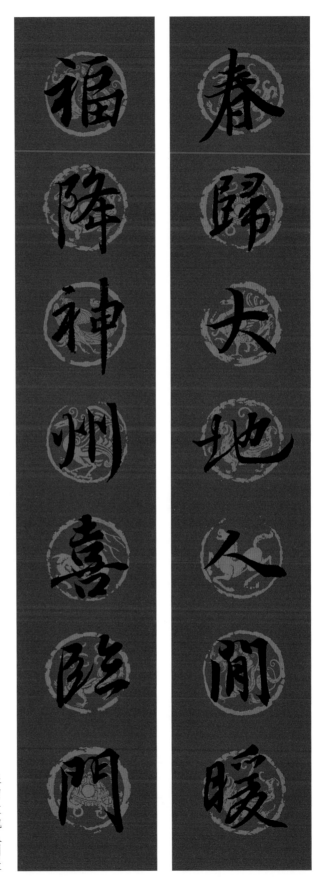

春归大地人间暖

福降神州喜临门

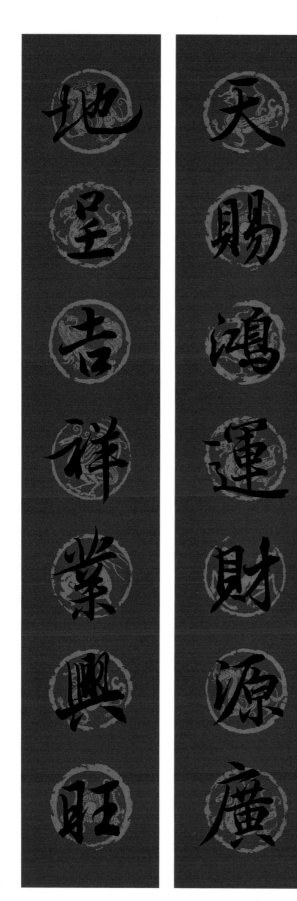

天賜鴻運財源廣
地呈吉祥業興旺

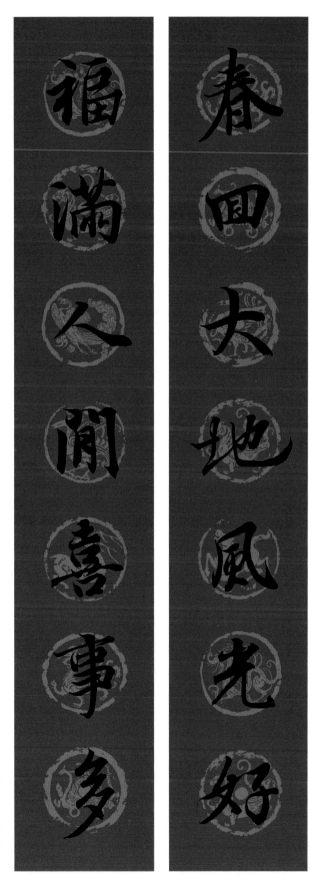

春回大地风光好
福满人间喜事多

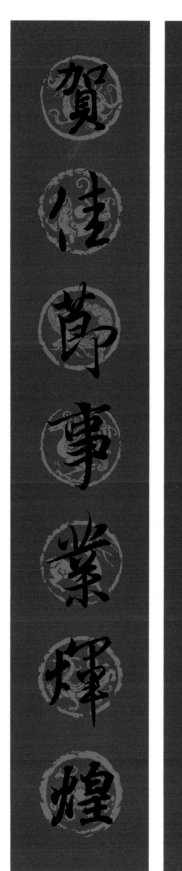
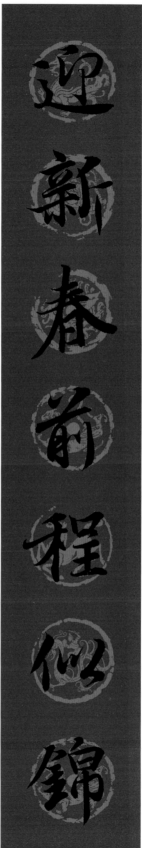

迎新春前程似锦
贺佳节事业辉煌

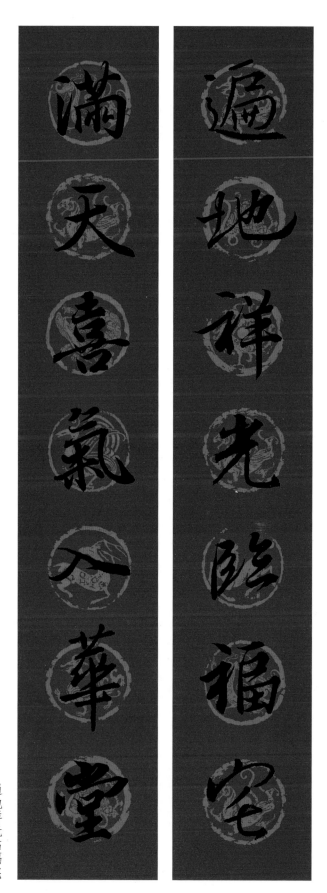

遍地祥光临福宅

满天喜气入华堂

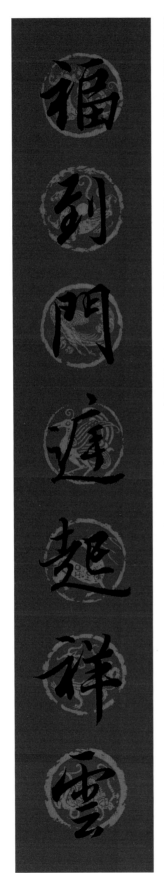

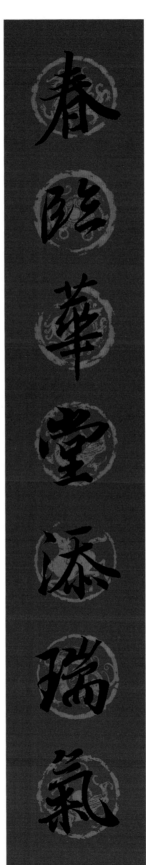

春临华堂添瑞气

福到门庭起祥云

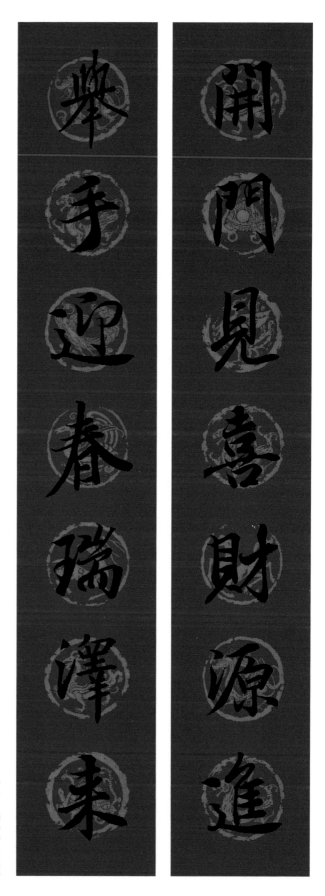

开门见喜财源进
举手迎春瑞泽来

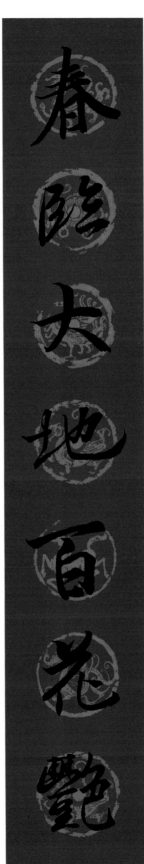

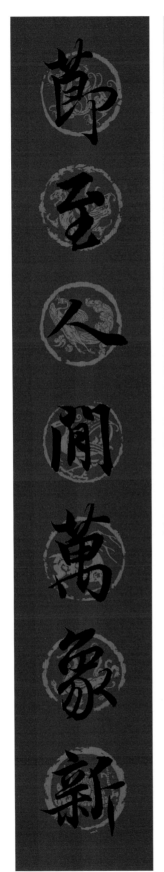

春临大地百花艳

节至人间万象新

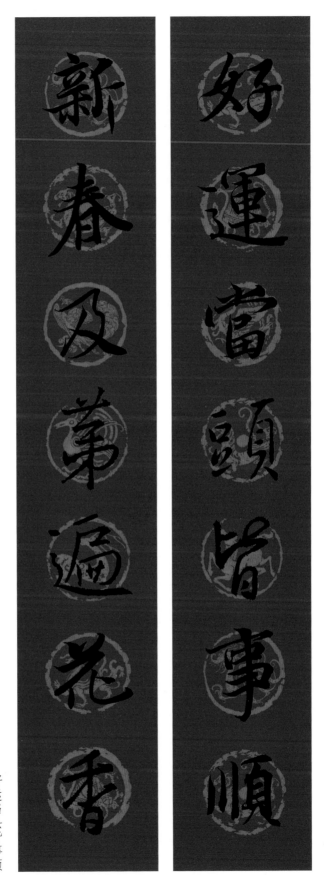

好运当头皆事顺
新春及第遍花香

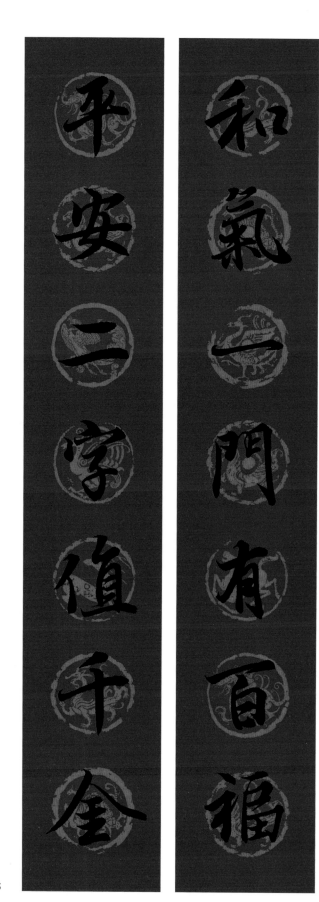

平安二字值千金

和气一门有百福

平安二字值千金

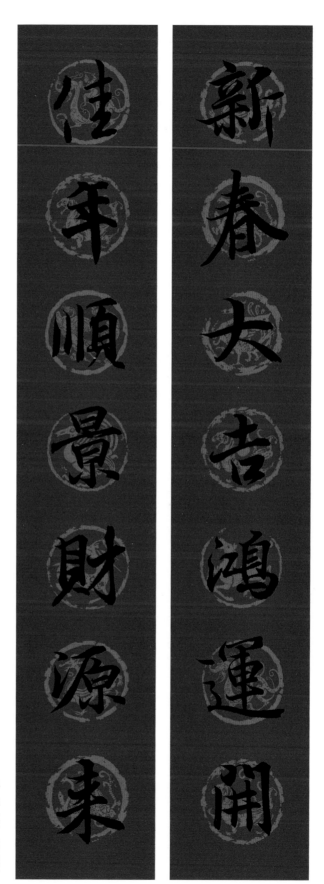

新春大吉鸿运开
佳年顺景财源来

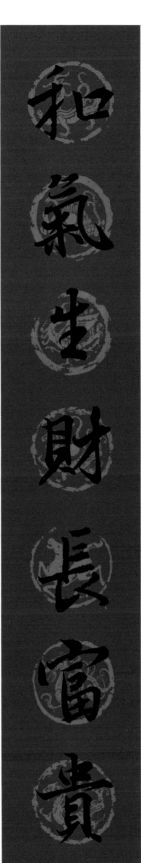

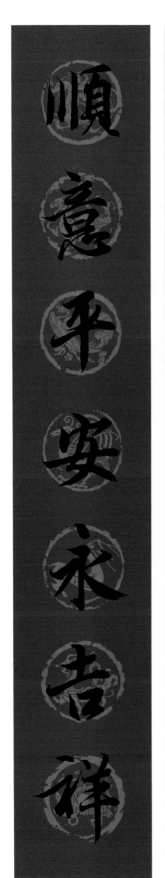

和气生财长富贵
顺意平安永吉祥

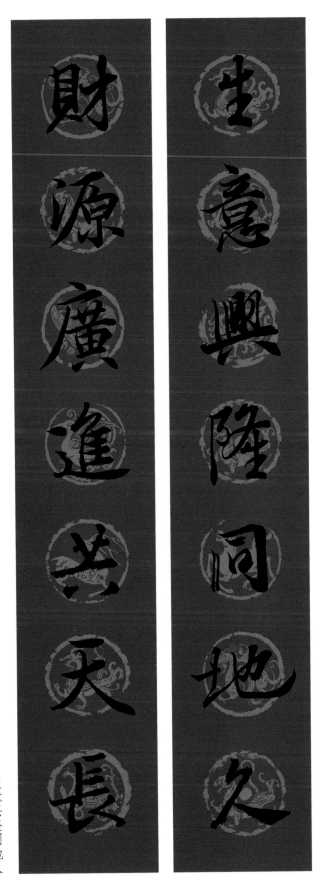

生意兴隆同地久
财源广进共天长

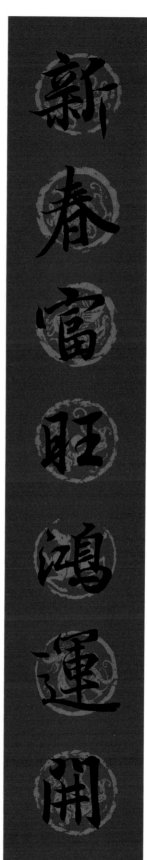

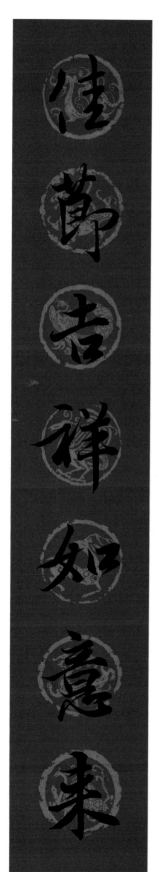

新春富旺鸿运开
佳节吉祥如意来

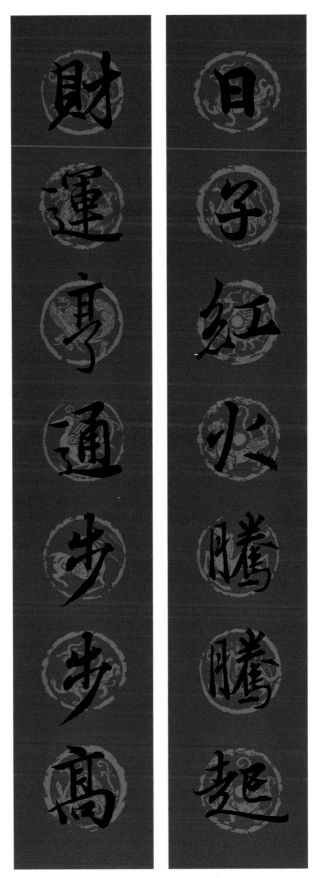

日子红火腾腾起
财运亨通步步高

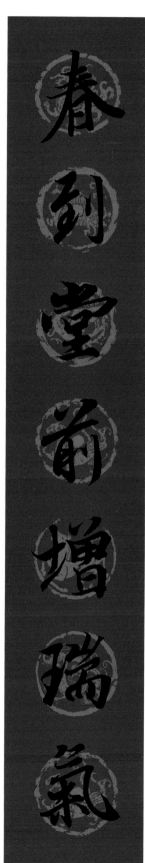

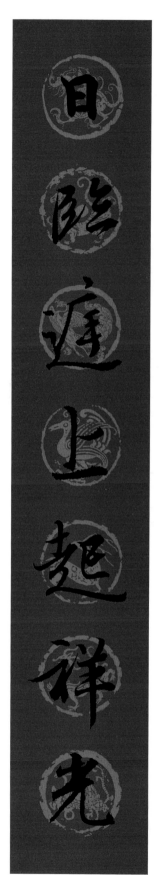

春到堂前增瑞气

日临庭上起祥光

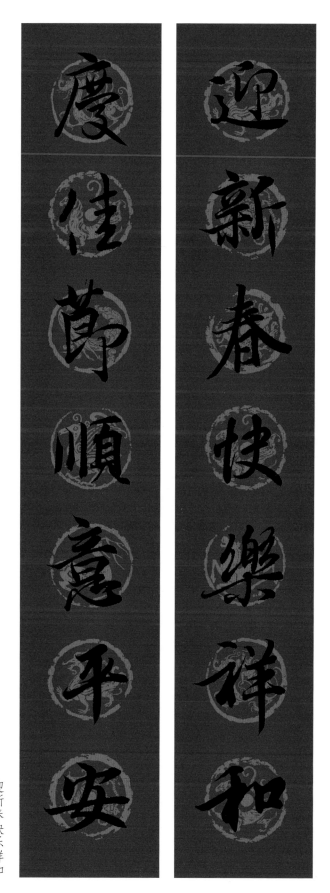

迎新春快乐祥和

庆佳节顺意平安

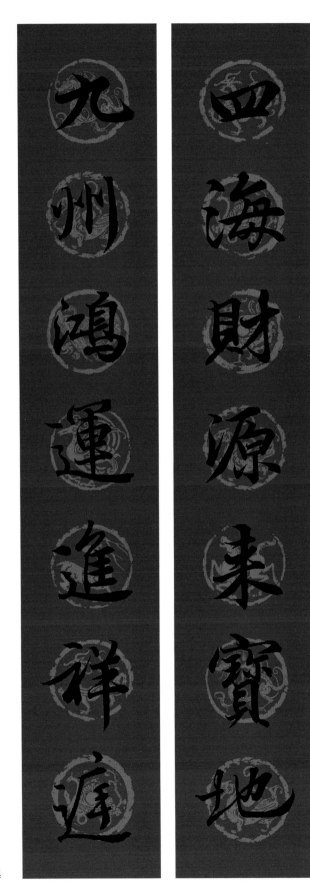

四海财源来宝地
九州鸿运进祥庭

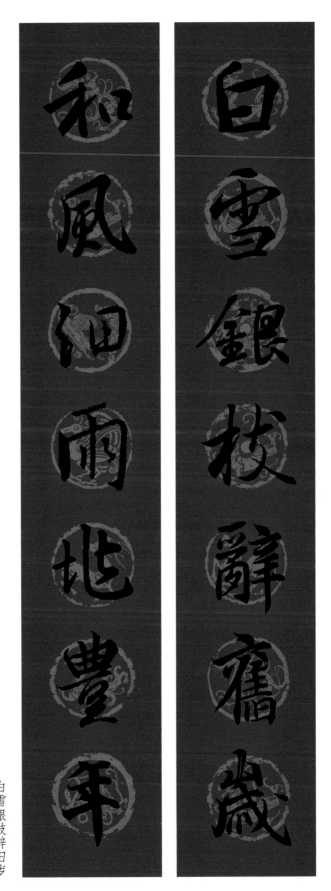

白雪银枝辞旧岁
和风细雨兆丰年

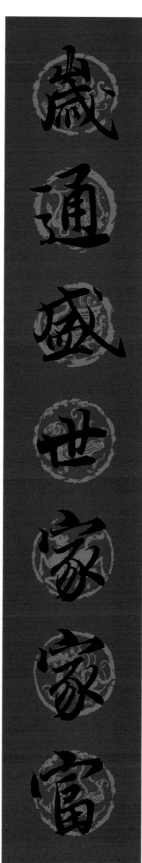

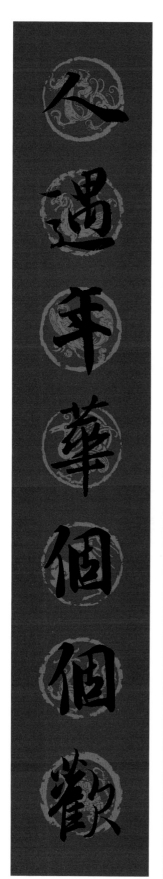

岁通盛世家家富
人遇年华个个欢

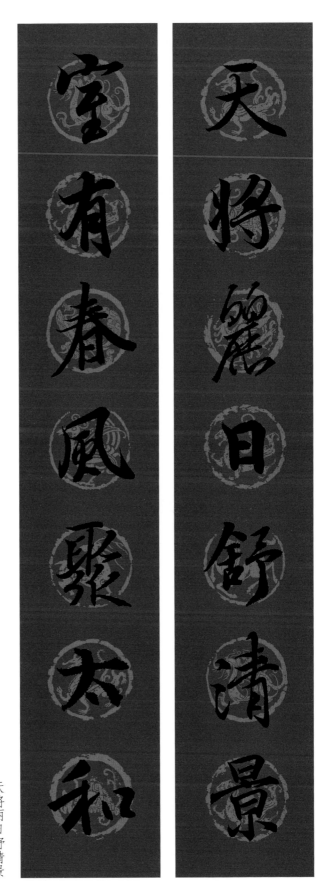

天将丽日舒清景
室有春风聚太和

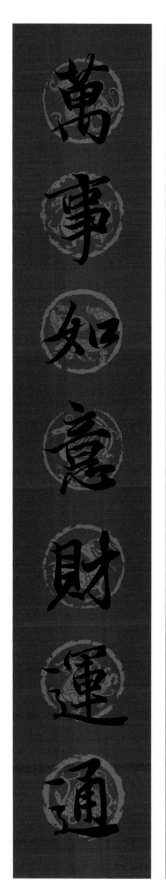

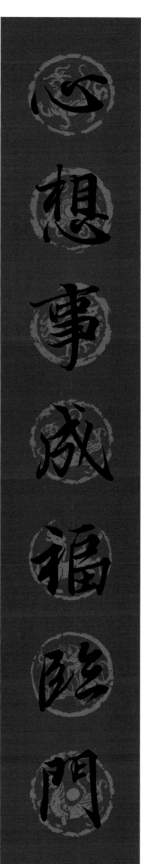

心想事成福临门
万事如意财运通

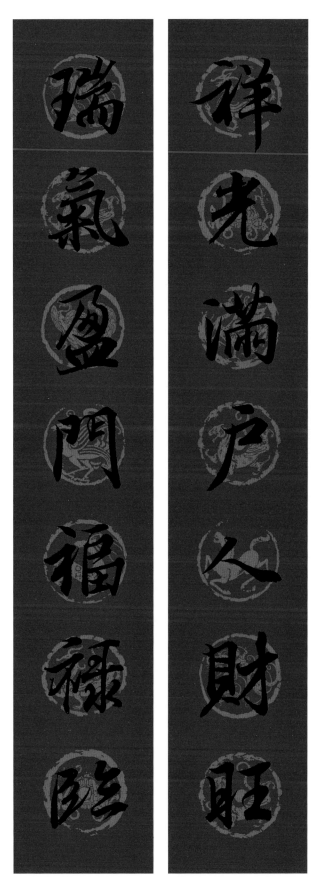

祥光满户人财旺
瑞气盈门福禄临

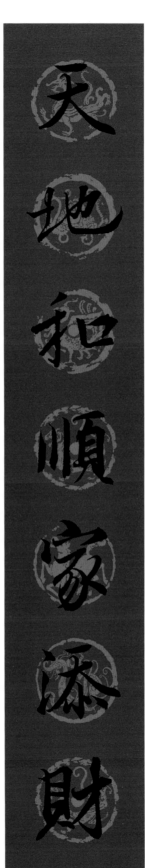

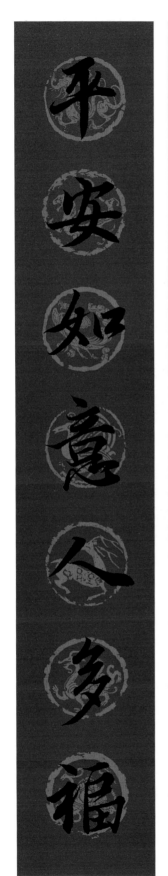

天地和顺家添财
平安如意人多福

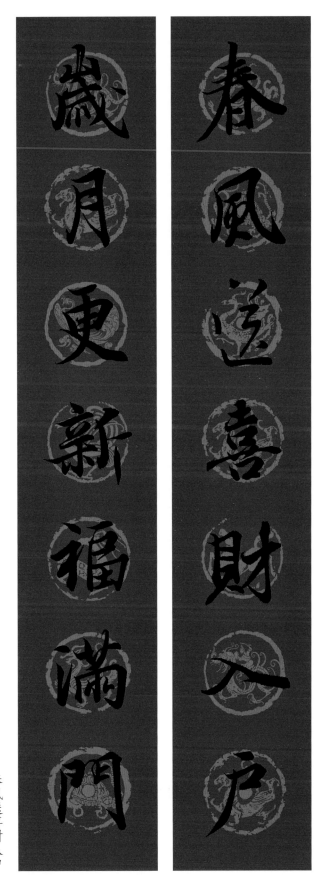

春风送喜财入户

岁月更新福满门

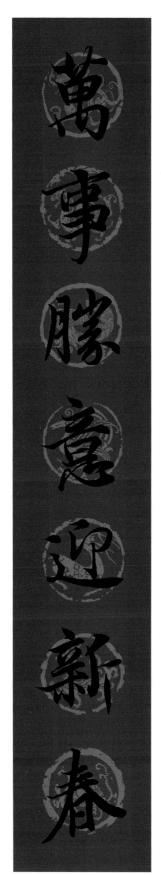
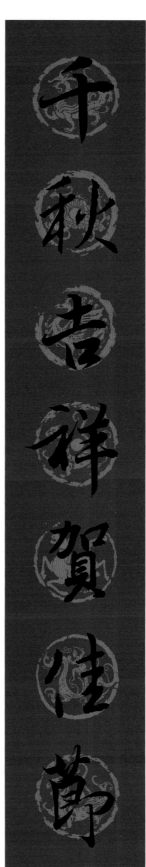

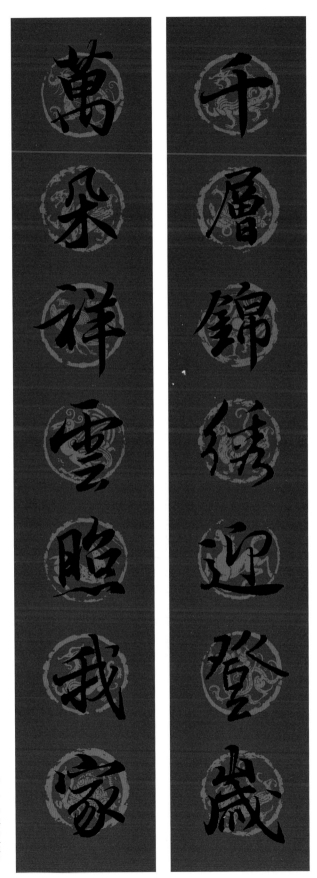

千层锦绣迎登岁
万朵祥云照我家

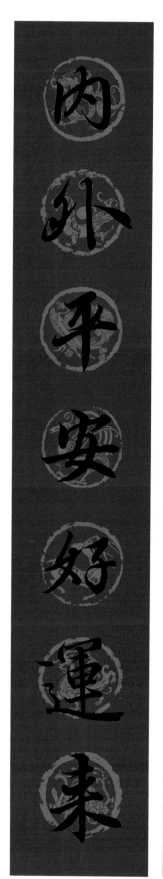

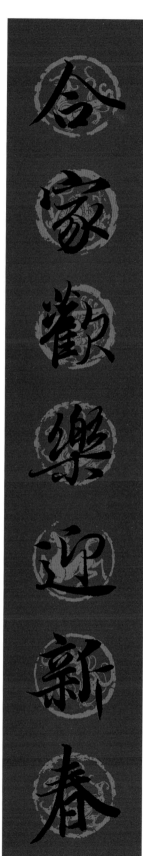

合家欢乐迎新春

内外平安好运来

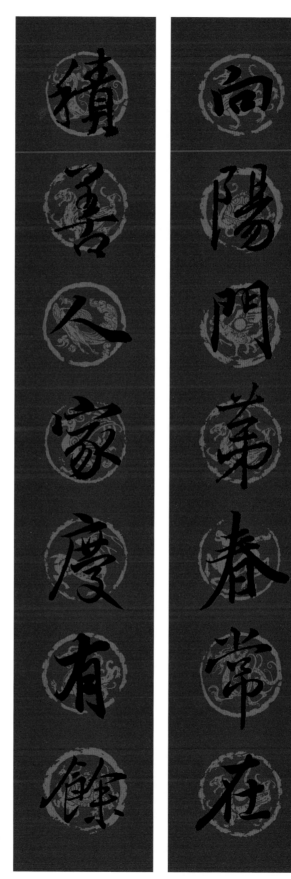

向阳门第春常在
积善人家庆有余

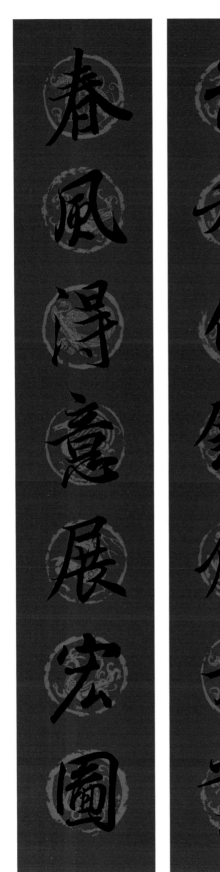

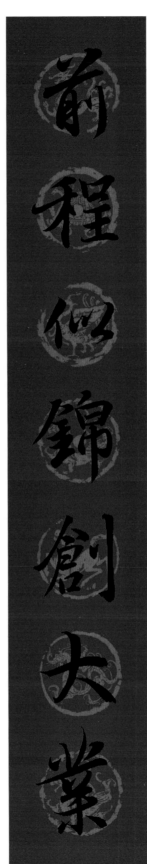

前程似锦创大业
春风得意展宏图

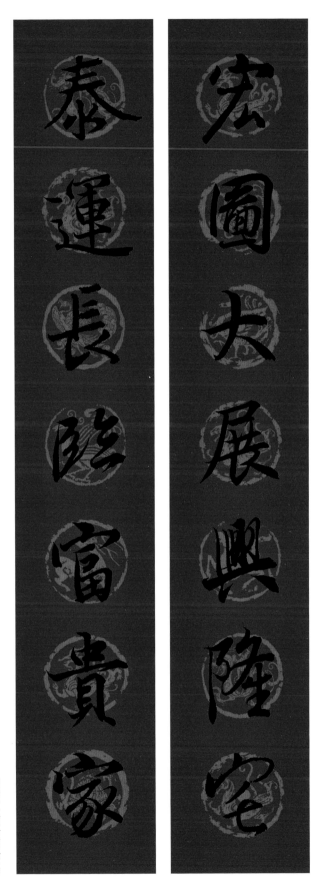

宏图大展兴隆宅

泰运长临富贵家

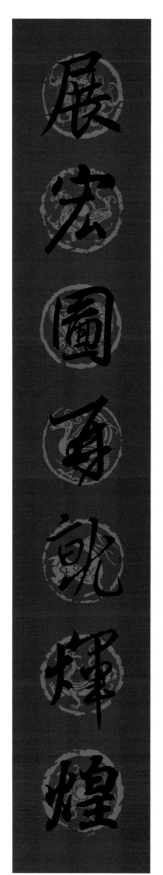
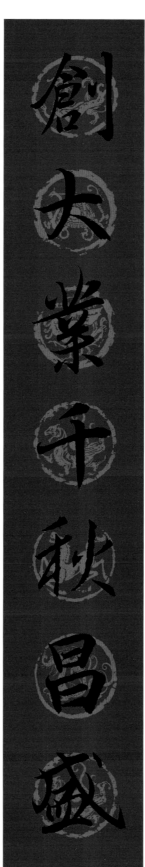

创大业千秋昌盛
展宏图再就辉煌

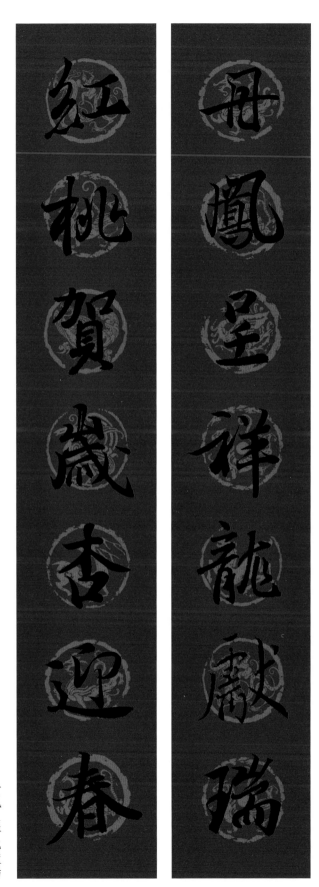

丹凤呈祥龙献瑞

红桃贺岁杏迎春

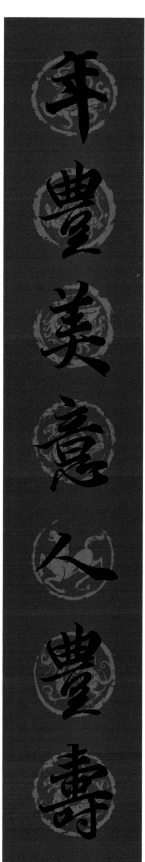

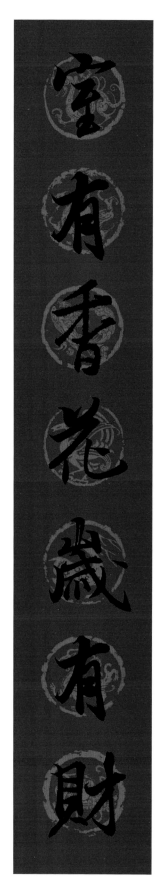

年丰美意人丰寿
室有香花岁有财

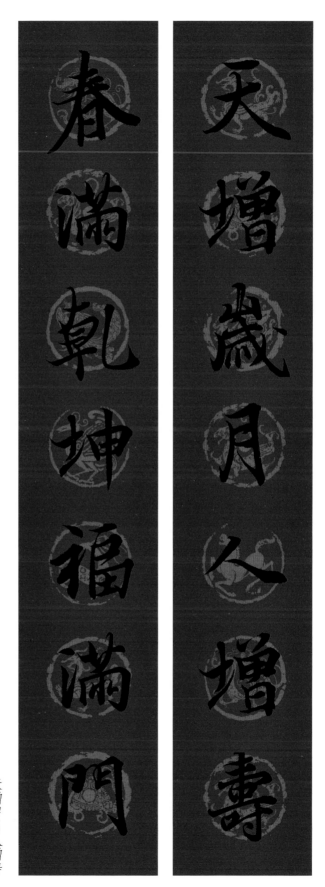

天增岁月人增寿

春满乾坤福满门

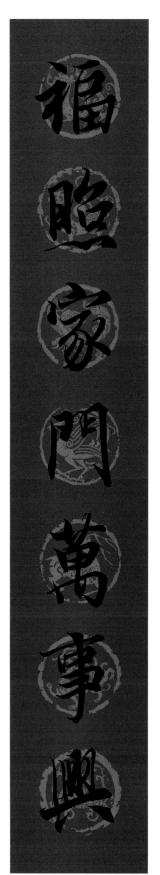
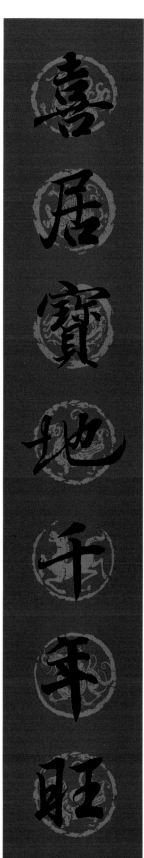

喜居宝地千年旺
福照家门万事兴

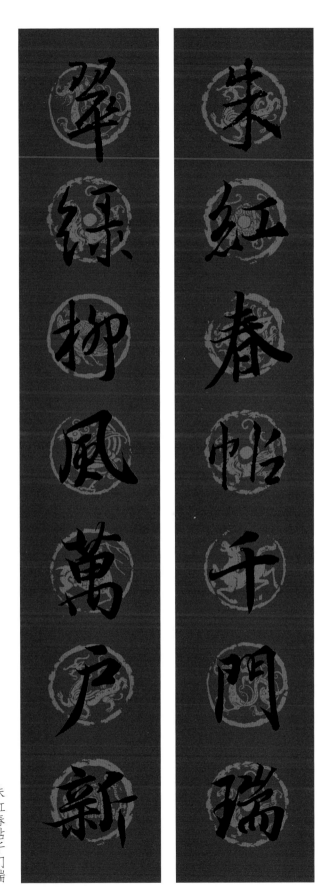

朱红春帖千门瑞
翠绿柳风万户新

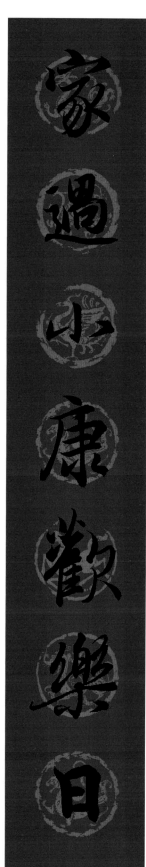

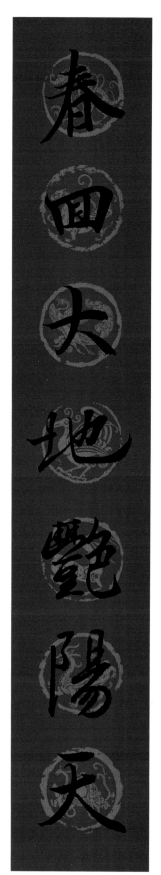

家过小康欢乐日

春回大地艳阳天

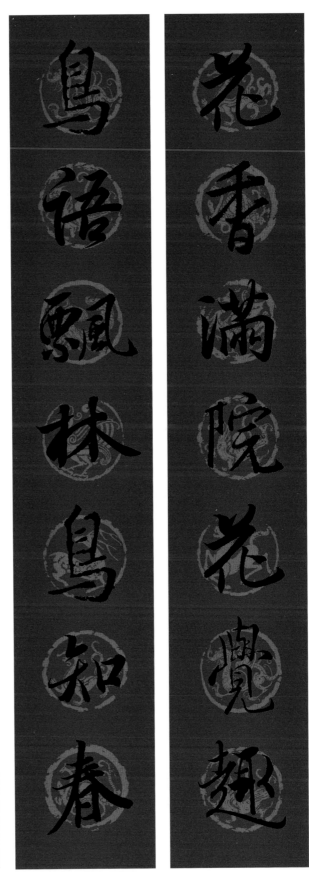

花香满院花觉趣

鸟语飘林鸟知春

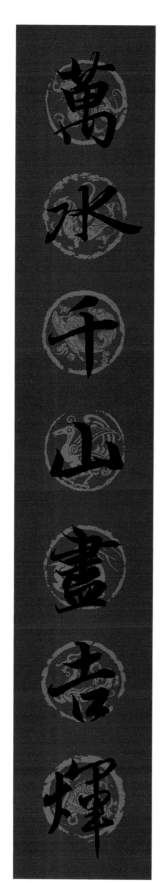

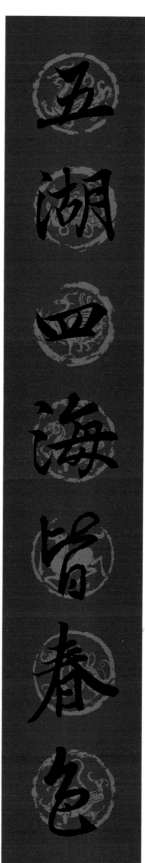

五湖四海皆春色
万水千山尽吉辉

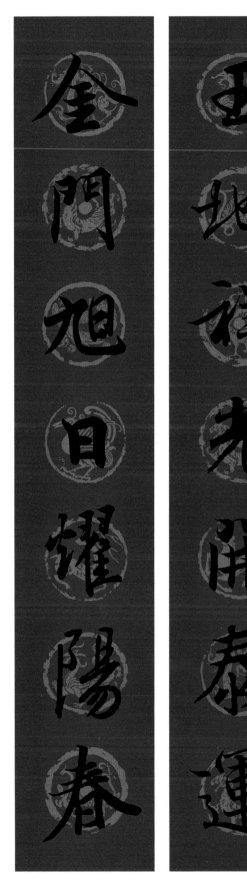

玉地祥光开泰运

金门旭日耀阳春

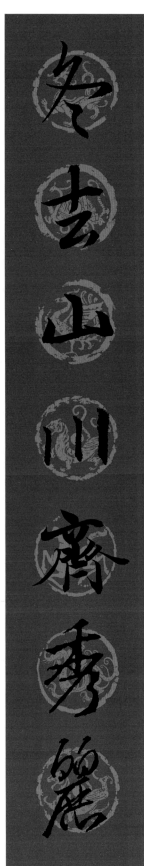

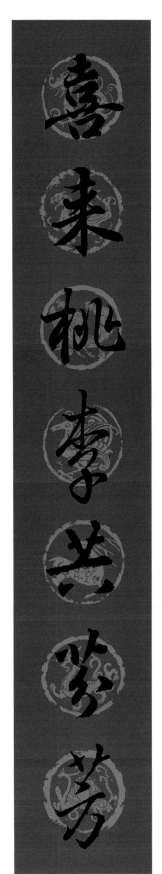

冬去山川齐秀丽

喜来桃李共芬芳

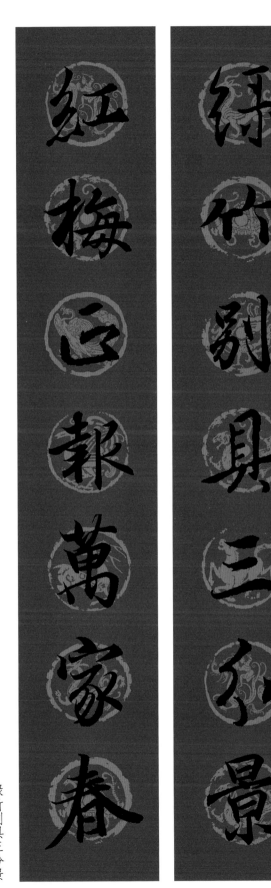

绿竹别具三分景
红梅正报万家春

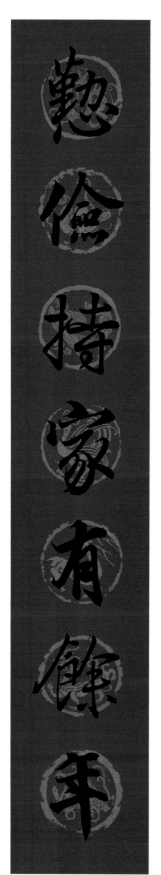
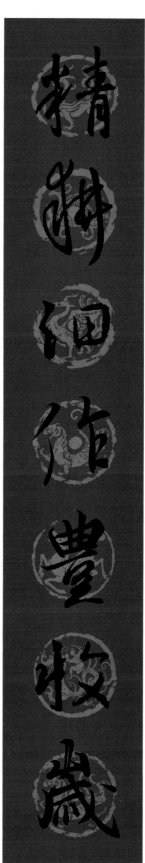

精耕细作丰收岁
勤俭持家有余年

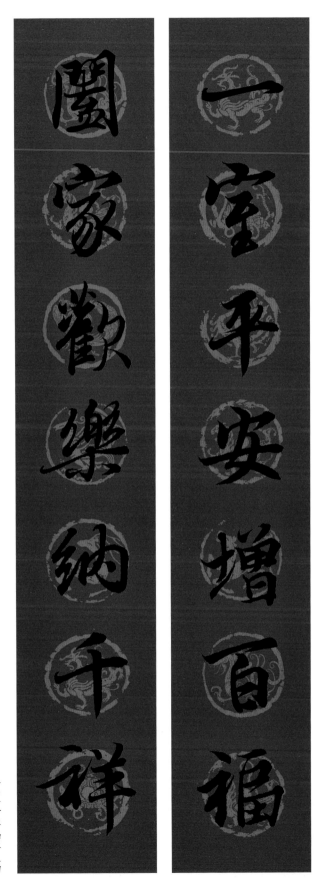

一室平安增百福
闔家歡樂納千祥

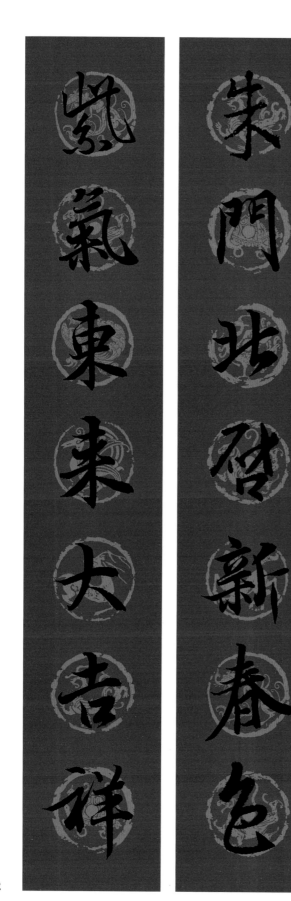

朱门北启新春色
紫气东来大吉祥

72

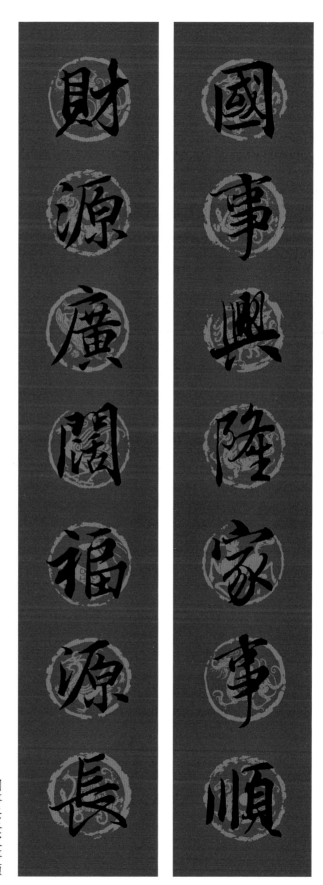

国事兴隆家事顺

财源广阔福源长

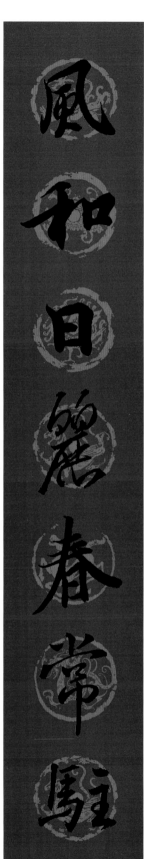

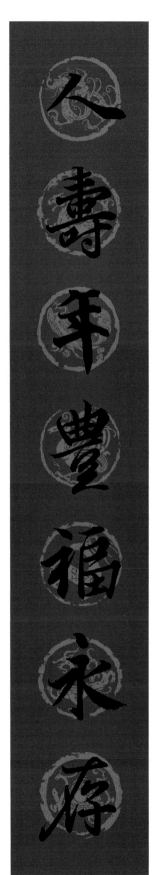

风和日丽春常驻
人寿年丰福永存

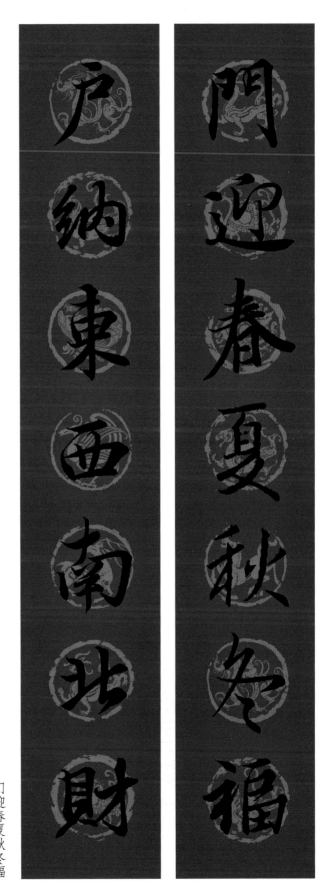

门迎春夏秋冬福

户纳东西南北财

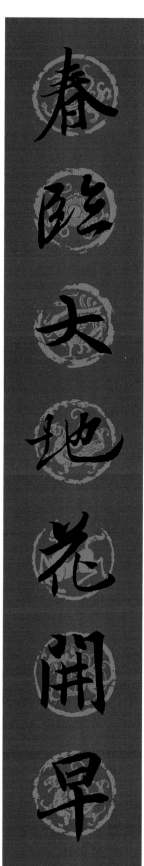

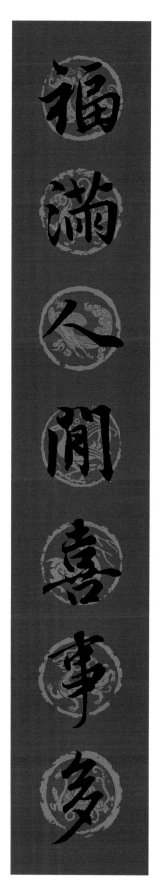

春临大地花开早
福满人间喜事多

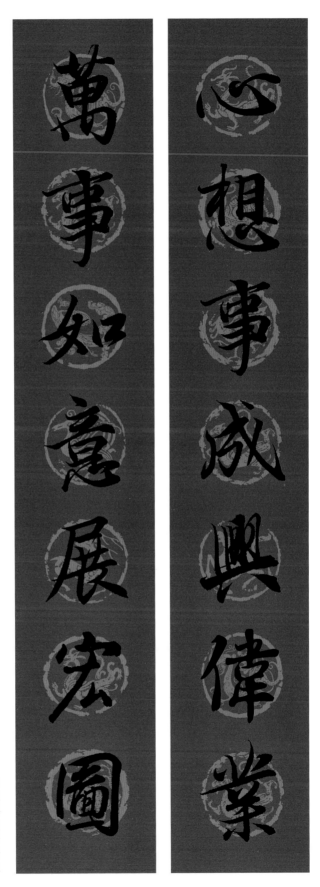

心想事成兴伟业

万事如意展宏图

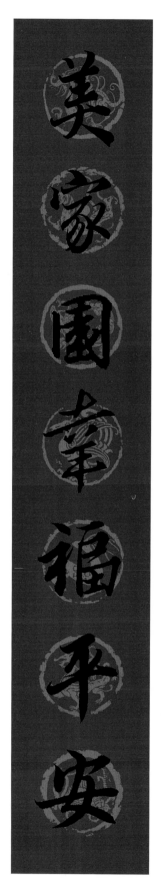

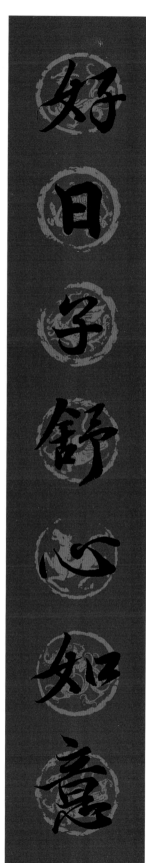

好日子舒心如意
美家园幸福平安

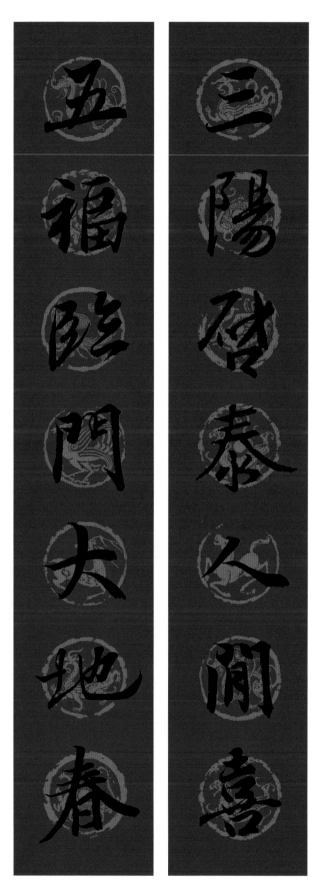

三阳启泰人间喜
五福临门大地春

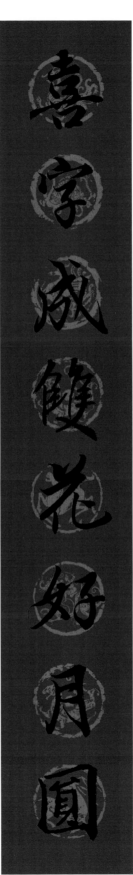

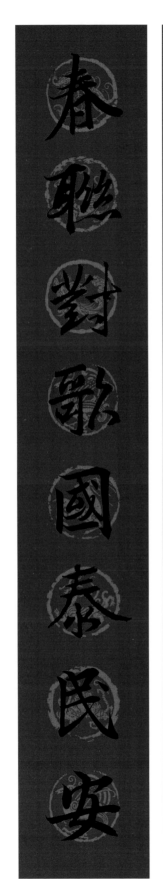

喜字成双花好月圆
春联对歌国泰民安

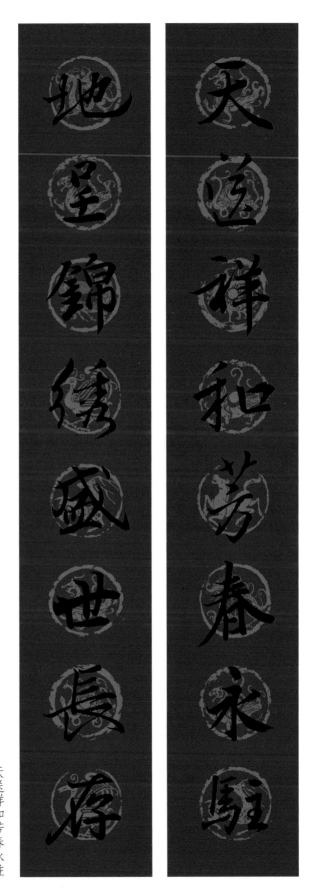

天送祥和芳春永驻
地呈锦绣盛世长存

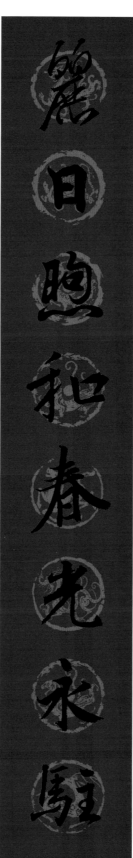

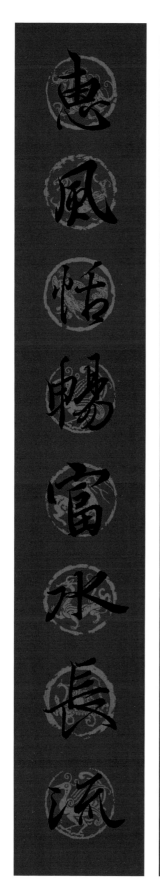

丽日煦和春光永驻
惠风恬畅富水长流

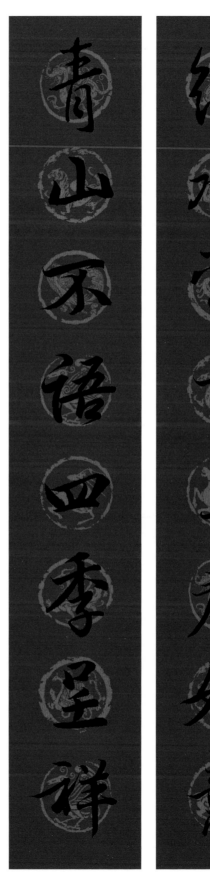

绿水常言三春如意
青山不语四季呈祥

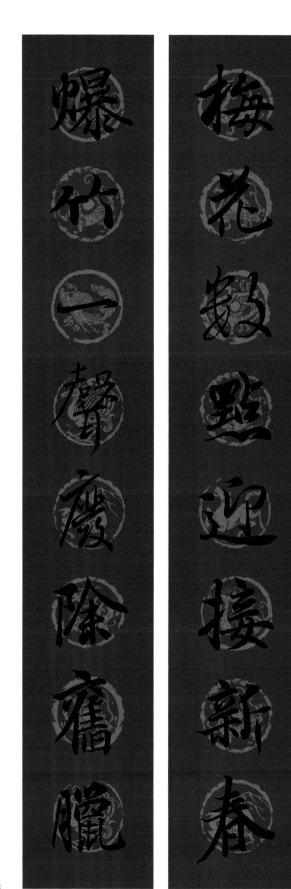

爆竹一声废除旧腊

梅花数点迎接新春

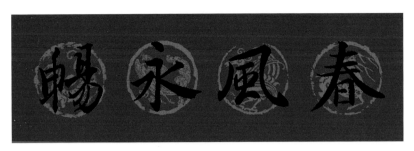

春风永畅

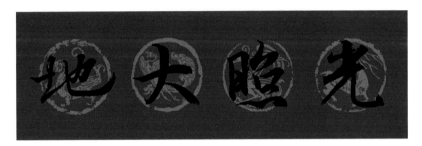

光照大地

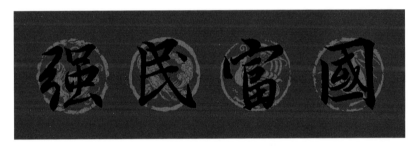

国富民强

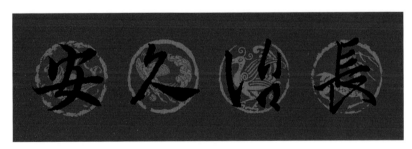

长治久安

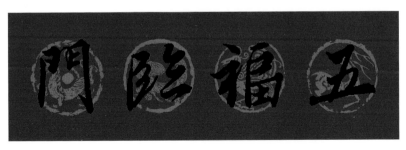

五福临门

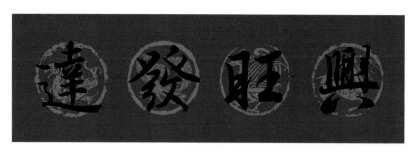

兴旺发达

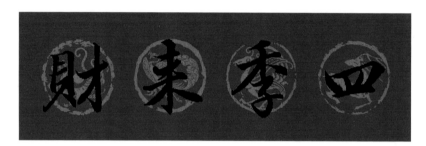

四季来财

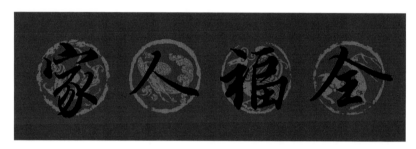

全福人家

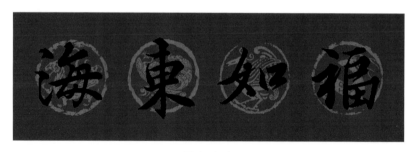

福如东海

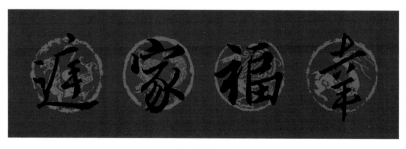

幸福家庭

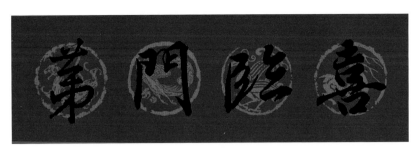

喜临门第

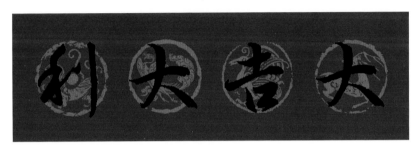

大吉大利

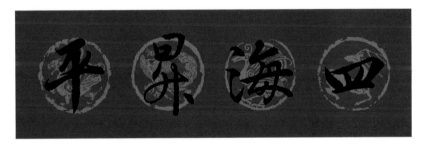

四海升平

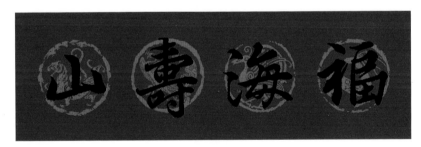

福海寿山

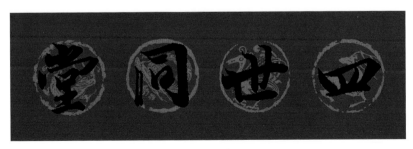

四世同堂

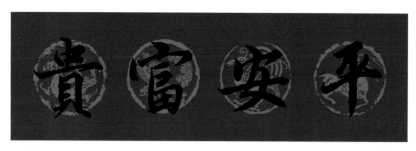

平安富贵

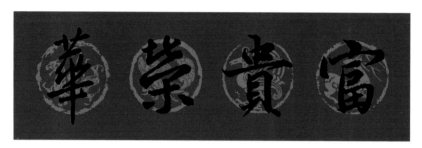

富贵荣华

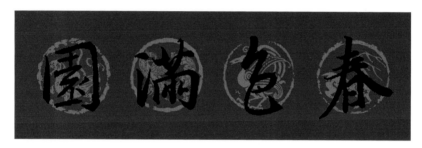

春色满园

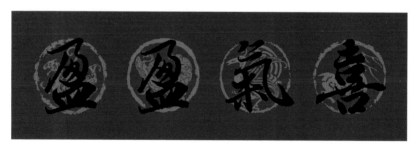

喜气盈盈

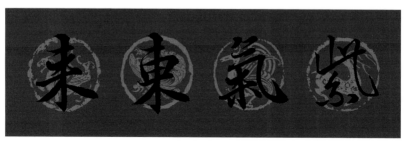

紫气东来

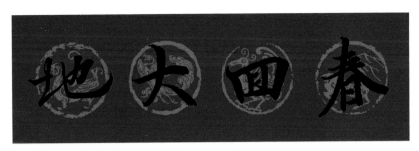

春回大地

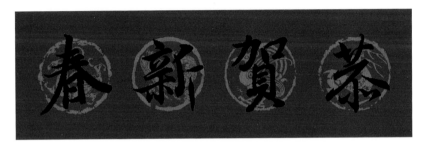

恭贺新春

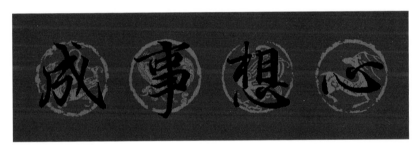

心想事成

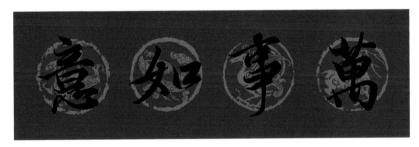

万事如意

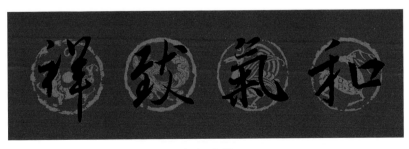

和气致祥

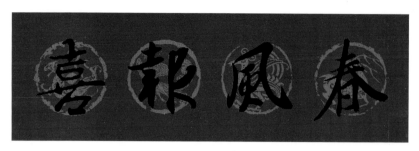

春风报喜

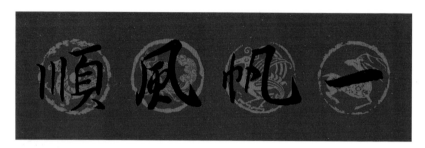

一帆风顺

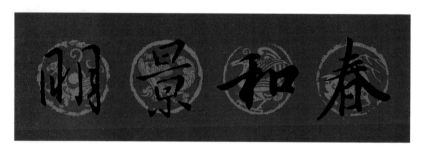

春和景明

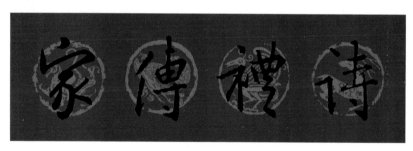

诗礼传家

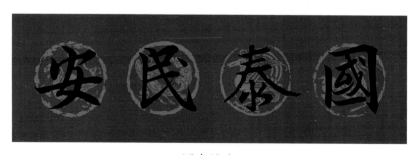

国泰民安